"Pré-lectures"

Présentation

des

lectures des dimanches

Année B

BoD

SOMMAIRE

Introduction	1
Note sur diverses fêtes et solennités	2
1° dimanche de l'Avent - B	3
2° dimanche de l'Avent - B	4
3° dimanche de l'Avent - B	5
4° dimanche de l'Avent - B	6
Noël messe de la nuit - B	7
Noël Messe du jour - B	8
Sainte Famille - B	9
Sainte Marie, mère de Dieu - B	10
Epiphanie - B	11
Baptême du Seigneur - B	12
2° dimanche du Temps ordinaire - B	13
3° dimanche du Temps ordinaire - B	14
4° dimanche du Temps ordinaire - B	15
5° dimanche du Temps ordinaire - B	16
6° dimanche du Temps ordinaire - B	17
Cendres - B	18
1° dimanche de Carême - B	19
2° dimanche de Carême - B	20
3° dimanche de Carême - B	21
4° dimanche de Carême - B	22
5° dimanche de Carême - B	23
Rameaux - B	24
Jeudi-Saint	25
Vendredi saint	26
Vigile pascale - B	27
Vigile pascale (suite)	28
Jour de Pâques - B	29
2° dimanche de Pâques - B	30
3° dimanche de Pâques - B	31
4 ° dimanche de Pâques - B	32
5° dimanche de Pâques - B	33
6° dimanche de Pâques - B	34
Ascension du Seigneur - B	35
7° dimanche de Pâques - B	36

- Pentecôte - B 37
- La Sainte Trinité - B 38
- Le Corps et le Sang du Christ - B 39
- 10° dimanche - B 40
- 11° dimanche - B 41
- 12° dimanche - B 42
- Saint Jean-Baptiste - B 43
- 13° dimanche - B 44
- 14° dimanche - B 45
- 15° dimanche - B 46
- 16° dimanche - B 47
- 17° dimanche - B 48
- 18° dimanche - B 49
- 19° dimanche - B 50
- Assomption de la Vierge Marie - B 51
- 20° dimanche - B 52
- 21° dimanche - B 53
- 22° dimanche - B 54
- 23° dimanche - B 55
- 24° dimanche - B 56
- 25° dimanche - B 57
- 26° dimanche - B 58
- 27° dimanche - B 59
- 28° dimanche - B 60
- 29° dimanche - B 61
- 30° dimanche - B 62
- Tous les Saints - B 63
- 31° dimanche - B 64
- 32° dimanche - B 65
- 33° dimanche - B 66
- Le Christ Roi de l'Univers - B 67
- *Version électronique de ce livre* 68
- *Version web* 68
- *Exemple d'insertion partielle dans une feuille de l'assemblée* 69

Introduction

"Pré-Lectures" est basé sur une idée simple: mettre à la disposition des paroisses et des chrétiens intéressés *de brefs textes d'introduction aux lectures des messes des dimanches*, pouvant être utilisés entièrement ou par extraits, ou modifiés, pour être lus lors de l'eucharistie, ou insérés dans la feuille de messe ou la feuille paroissiale (voir exemple en annexe). Ils peuvent également être utilisés par des personnes qui, seules ou en petit groupe, veulent préparer leur participation à la liturgie.

Ce fascicule propose des introductions correspondant aux lectures des dimanches de l'année B.

Le texte a été conçu de façon à permettre une lecture publique claire.

Ces textes sont également disponibles sur Internet, à la fois sous forme pdf (consultable en ligne) et sous une forme texte facilement insérable et modifiable.

Voir *http://www.plestang.com/pre-lectures.php*

Les observations peuvent être faites sur le blog de Philippe Lestang, en

http://www.plestang.com/blog/2017/pre-lectures.

Faut-il le rappeler? Les "lectures" à la messe sont des **proclamations de la parole.** Chaque mot doit être prononcé lentement, et fort ! Il en va de même - bien qu'il ne s'agisse pas de la Parole elle-même - des "pré-lectures" proposées ici: si on prend le temps, en les lisant publiquement, de s'arrêter sur chaque mot, elles prendront bien davantage de sens.

Note sur diverses fêtes et solennités

La fête de la Sainte Famille est célébrée le dimanche qui suit Noël, sauf si Noël est un dimanche, auquel cas elle est célébrée le vendredi 30.

Le deuxième dimanche de janvier est *en général* la fête du Baptême du Christ, sauf si Noël est un dimanche ou un lundi, auquel cas le Baptême du Christ est fêté - avec une seule lecture - le lundi suivant l'Epiphanie (toujours fêtée le premier dimanche de janvier). Dans ces cas le deuxième dimanche de janvier est le *2° dimanche du temps ordinaire*.

Lorsque **le 2 février (Présentation du Seigneur au Temple)** est un dimanche, c'est cette fête qui est célébrée, à la place du dimanche ordinaire (notamment en 2020).

Lorsque **l'Annonciation (25 mars)** tombe pendant la Semaine Sainte, sa célébration est reportée au lundi suivant le 2° dimanche de Pâques. Si elle tombe un dimanche de Carême elle est reportée au lendemain.

Lorsque la **Nativité de Saint Jean-Baptiste (24 juin)** tombe un dimanche, c'est elle qui est célébrée, à la place du dimanche ordinaire (notamment en 2018).

Lorsque la **fête de Saint Pierre et Saint Paul (29 juin)** tombe un dimanche, de même c'est elle qui est célébrée, à la place du dimanche ordinaire.

Lorsque **la Transfiguration (6 août)** tombe un dimanche, de même c'est elle qui est *célébrée à la place du dimanche ordinaire.*

De même la solennité de **l'Assomption (15 août)**.

De même la **fête de la Croix glorieuse (14 septembre)**.

De même évidemment la **fête de tous les saints (1° novembre)**.

Ainsi que la **Commémoration de tous les fidèles défunts (2 novembre)**.

Et enfin la **Dédicace de la Basilique du Latran (9 novembre)**.

Pré - Lectures

1° dimanche de l'Avent - B

3 décembre 2017 - 29 Novembre 2020

```
Is 63      Ah si tu déchirais les cieux !
1 Co 1     Vous attendez que se révèle notre Seigneur.
Mc 13,33   Restez éveillés !
Ps 79      Visite cette vigne, protège-la !
```

La première lecture est extraite de la fin du livre d'Isaïe (1), et date des années suivant le retour de l'Exil, vers l'an 500 avant Jésus-Christ. Le prophète demande à Dieu de se manifester à nouveau: "Seigneur, c'est toi notre Père!"

Ce texte comprend des phrases magnifiques, qui méritent d'être mise en évidence par un lecteur qui a bien préparé.

La deuxième lecture est le début de la première lettre aux Corinthiens. L'apôtre Paul se réjouit: "Vous avez reçu toutes les richesses"; "aucun don de grâce ne vous manque". Puis il parle du retour du Christ: "Vous attendez de voir se révéler notre Seigneur". Les premiers chrétiens en effet espéraient que Jésus allait revenir avant leur mort.

L'évangile, au chapitre 13 de Saint Marc, parle des événements de la fin du monde, et du retour final et glorieux du Christ. Jésus dit à ses disciples: "Vous ne savez pas quand ce sera le moment"; "Veillez!" "Restez éveillés!" ; c'est à dire: soyez toujours en relation avec Dieu dans la prière.

---

(1) Les chapitres 56 et suivants sont ce qu'on appelle le "3° Isaïe", auteur écrivant vers l'an 520.

2° dimanche de l'Avent - B

10 décembre 2017 - 6 décembre 2020

    Is 40   Préparez le chemin du Seigneur !
    2 P 3   Le jour du Seigneur viendra comme un voleur.
    Mc 1   Jean-Baptiste baptise.
    Ps 84 Amour et vérité se rencontrent

La première lecture est tirée d'un texte d'Isaïe qu'on appelle le livre de la consolation, de l'encouragement. Les Israélites sont exilés à Babylone; Isaïe annonce que Dieu va venir délivrer son peuple.

La deuxième lecture est l'oeuvre de disciples de Saint Pierre, qui écrivent sous le nom de leur maître, comme c'était l'usage. Le texte décrit le retour futur du Christ, dans une espèce de fin du monde à laquelle personne ne s'attendra.

L'évangile d'aujourd'hui est le début du premier chapitre de Saint Marc: il nous montre Jean-Baptiste dans le désert, annonçant la venue prochaine du Messie attendu par les juifs. Saint Marc reprend la phrase d'Isaïe: "Préparez le chemin du Seigneur!"

3° dimanche de l'Avent - B

17 décembre 2017 - 13 décembre 2020

Isaïe 61   Je tressaille de joie dans le Seigneur
1 Th 5   Soyez toujours dans la joie
Jn 1   Je suis la voix de celui qui crie dans le désert
Ct Lc 1 Mon âme exalte le Seigneur

Dans la première lecture, Isaïe parle d'un personnage qui est envoyé par Dieu annoncer la bonne nouvelle aux pauvres. Jésus lira ce passage et le commentera dans la synagogue de Nazareth, au tout début de sa mission (Luc chapitre 4).

La Première lettre aux Thessaloniciens est le texte le plus ancien du Nouveau Testament. Paul demande aux chrétiens d'être toujours dans la joie, et de "discerner la valeur de toute chose".

L'évangile nous montre Jean-Baptiste parlant avec les prêtres qui lui demandent: "Qui es-tu?". Il répond: "Je suis la voix qui crie: Redressez le chemin du Seigneur ! "

4° dimanche de l'Avent - B

24 décembre 2017 - 20 décembre 2020

2 Sam 7   Le Seigneur te fera lui-même une maison.
Rom 16   Jésus, un mystère gardé depuis toujours.
Luc 1   L'Annonciation à Marie.
Ps 88   L'amour du Seigneur, sans fin je le chante !

Dans la première lecture, tirée du deuxième livre de Samuel, David envisage de construire un temple pour l'arche d'alliance. Mais le prophète Nathan lui dit, de la part du Seigneur: "Est-ce toi qui me construira une maison? C'est moi qui t'ai choisi. Et, de même, c'est moi qui susciterai dans ta descendance un successeur - le Messie - dont le trône sera stable pour toujours."

Dans la deuxième lecture, qui est la conclusion de l'épître aux Romains, Saint Paul rend gloire à Dieu, qui a progressivement révélé son mystère - le mot est répété trois fois - pour que toutes les nations connaissent le salut.

L'évangile est le récit de l'Annonciation: l'ange Gabriel est envoyé par Dieu auprès de Marie, et la salue. "Tu vas concevoir un fils. Tu lui donneras le nom de Jésus." Marie dit alors: "Voici la servante du Seigneur; que tout m'advienne selon ta parole".

Noël messe de la nuit - B

24 décembre

Is 9,1-6   Le peuple qui marchait dans les ténèbres...
Tt 2,11-14 La grâce de Dieu s'est manifestée
Lc 2,1-14   Elle mit au monde son fils
Ps. 95   Les arbres des forêts dansent de joie

Le prophète Isaïe, dans une vision, annonce la venue d'un descendant de David, le Messie attendu. Il sera le Prince de la paix; son règne sera basé sur le droit et sur la justice.

Saint Paul, dans sa lettre à Tite, explique que Dieu s'est donné à nous, en Jésus, pour faire de nous son peuple, et que la grâce de Dieu s'est manifestée pour le salut de tous les hommes.

Dans l'évangile, Joseph et Marie se rendent à Bethléem, en Judée, pour le recensement. Jésus naît dans une étable, et Marie le couche dans une mangeoire. Un ange apparaît aux bergers des environs et leur annonce la grande nouvelle. Une troupe céleste innombrable apparaît et proclame les louanges de Dieu: "Gloire à Dieu au plus haut des cieux!"

Noël Messe du jour - B

25 décembre

Is 52	Ils voient le Seigneur qui revient à Sion
He 1	Tu es mon Fils, aujourd'hui je t'ai engendré.
Jn 1,1-18	Au commencement était le Verbe.
Ps 97	*Le Seigneur a fait connaître sa victoire.*

Dans la première lecture, Isaïe décrit des messagers qui apportent une bonne nouvelle, et des guetteurs qui voient le Seigneur venir à Sion. Tous crient de joie, et même les lointains de la terre découvrent le salut apporté par notre Dieu.

La lettre aux Hébreux rappelle que Dieu a parlé d'abord par les prophètes, puis par Jésus. Jésus est l'expression parfaite de Dieu et rayonne de sa gloire. Le texte cite le psaume 2, qui dit: "Aujourd'hui, je t'ai engendré". Jésus est le Fils unique de Dieu, bien supérieur aux anges.

L'évangile est le prologue de Jean: Jésus est le "Verbe de Dieu"; il est la Parole de Dieu, incarnée en un homme. Il est la lumière qui éclaire tous les hommes. "Il est venu chez les siens, et les siens ne l'ont pas reçu".

Sainte Famille - B

31 décembre 2017 - 27 décembre 2020

Gn 15 & 21	Dieu dit à Abraham: "Telle sera ta descendance".
He 11	Eloge de la foi d'Abraham tout au long de sa vie.
Lc 2	Présentation de Jésus au Temple.
Ps 104	*Souvenez-vous des merveilles que Dieu a faites.*

Abraham se plaint à Dieu de ne pas avoir d'enfants. Dieu lui promet une descendance plus nombreuse que les étoiles du ciel. Puis le texte saute au chapitre 21: Sara, très âgée, devient enceinte.

La Lettre aux Hébreux fait l'éloge de la foi d'Abraham: il quitte son pays comme Dieu le lui demande; il croit que Sara, malgré son âge, peut lui donner une descendance; et il est prêt à sacrifier Isaac, mais Dieu arrête sa main.

La Sainte Famille arrive au Temple de Jérusalem pour présenter l'enfant Jésus. Deux vieillards viennent à leur rencontre: ils ont compris par l'Esprit Saint qui est Jésus, et rendent gloire à Dieu. L'un d'eux, Syméon, annonce à Marie qu'un glaive lui transpercera l'âme.

Sainte Marie, mère de Dieu - B

1° janvier

Nb 6,22	Que le Seigneur te bénisse et te garde
Gal 4	Dieu a envoyé son fils, né d'une femme
Luc 2	Le 8° jour l'enfant reçut le nom de Jésus
Ps 66	*Que Dieu nous prenne en grâce*

L'extrait du livre des Nombres comporte une bénédiction célèbre que les chrétiens peuvent utiliser comme les juifs: "Que le Seigneur te bénisse et te garde; qu'il fasse sur toi rayonner son visage".

Saint Paul explique, dans la lettre aux Galates, que Dieu nous a tous adoptés comme ses fils; il a mis dans nos coeurs l'Esprit de son fils.

L'évangile nous montre les bergers découvrant le nouveau-né, couché dans une mangeoire. Et Marie retient ces événements dans son coeur.

… Pré - Lectures

Epiphanie - B

7 janvier 2018 - 3 janvier 2021

Is 60   Les nations marcheront vers ta lumière
Ep 3   Toutes les nations sont associées au même héritage
Mt 2   Où est le roi des Juifs qui vient de naître?
Ps 71 Tous les rois se prosterneront devant lui

Isaïe décrit la ville de Jérusalem devenant lumière pour toutes les nations. Les ténèbres couvrent la terre, mais la gloire du Seigneur se lève. On annoncera les exploits du Seigneur !

La lettre aux Éphésiens expose le plan de Dieu, le "mystère" que Jésus nous a fait connaître: c'est que toutes les nations sont associées au même héritage, et vont faire partie d'un même corps, dans le Christ Jésus.

Des mages arrivent à Jérusalem, venant d'Orient. Ils veulent voir le futur roi qui vient de naître. Les scribes et les grands prêtres sont consultés par Hérode. Ils disent que c'est de Bethléem que sortira "le berger qui conduira Israël". Les mages vont alors à Bethléem.

Baptême du Seigneur - B

8 janvier 2018 - 10 janvier 2021

Is 55   Vous tous qui avez soif, venez, voici de l'eau !
1 Jn 5   La victoire qui a vaincu le monde, c'est notre foi
Mc 1   Il vit les cieux se déchirer
Ct Is 12 Ma force et mon chant, c'est le Seigneur

"Venez à moi" dit le Seigneur par la bouche d'Isaïe. "Que le méchant abandonne son chemin!" "Cherchez le Seigneur tant qu'il se laisse trouver". "Comme la pluie et la neige qui abreuvent la terre, ainsi ma parole ne me reviendra pas sans avoir accompli sa mission".

Saint Jean nous dit que nous sommes "nés de Dieu"; nous sommes les enfants de Dieu. Nous sommes vainqueurs du monde avec le Christ. Et l'Esprit a rendu témoignage à Jésus au moment de son baptême.

Jean-Baptiste annonce le Messie: "Il vous baptisera dans l'Esprit Saint". Quand Jésus est baptisé par Jean, en remontant de l'eau il voit les cieux se déchirer et l'Esprit descendre sur lui.

Pré - Lectures

2° dimanche du Temps ordinaire - B

14 janvier 2018 - 17 janvier 2021

1 S 3   Samuel répondit : "Parle, Seigneur"
1 Co 6 Vos corps sont les membres du Christ
Jn 1   Jean-Baptiste dit: "Voici l'agneau de Dieu"
Ps 36   Tu ne voulais ni offrande ni sacrifice

La première lecture raconte la vocation de Samuel, prophète, et prêtre important, qui choisira les premiers rois d'Israël. Encore enfant, le jeune Samuel entend Dieu l'appeler. Il lui répond: "Parle, Seigneur, ton serviteur écoute".

Dans la première lettre aux Corinthiens, Saint Paul nous dit que nos corps sont membres du Christ: nous ne nous appartenons plus à nous-mêmes. Nous devons fuir la débauche, et rendre gloire à Dieu par notre corps.

Dans l'évangile, Jean-Baptiste désigne Jésus: "Voici l'agneau de Dieu". Deux disciples le suivent alors. Ils lui demandent: "Maître, où demeures-tu?" Jésus répond: "Venez, et vous verrez"

Pré - Lectures

3° dimanche du Temps ordinaire - B

21 janvier 2018 - 24 janvier 2021

Jon 3 Aussitôt les gens de Ninive crurent en Dieu
1 Co 7 Il passe, ce monde tel que nous le voyons.
Mc 1 Je vous ferai devenir pêcheurs d'hommes"
Ps 24 Dirige-moi par ta vérité

Le livre de Jonas est un petit conte écrit vers le 3° siècle avant Jésus-Christ, qui imagine qu'un prophète juif est envoyé à Ninive pour annoncer que Dieu veut détruire la ville. Surprise: les gens de Ninive font tous pénitence, et Dieu leur pardonne.

Dans ce passage de la première lettre aux Corinthiens, Paul insiste sur le fait que notre vie est brève: nous n'avons qu'un temps limité. Ce ne sont pas les réalités terrestres, telles que le mariage ou la possession de biens, qui comptent. L'essentiel, c'est d'être prêts à rencontrer le Christ.

Dans l'évangile, Saint Marc raconte l'appel des premiers disciples au bord du lac de Galilée: "Venez à ma suite, et je vous ferai devenir des pêcheurs d'hommes."

4° dimanche du Temps ordinaire - B

28 janvier 2018 - 31 janvier 2021

Dt 18   Le Seigneur Dieu fera se lever un prophète
1 Co 7 Qui n'est pas marié a le souci des affaires du Seigneur
Mc 1   Il commande même aux esprits impurs
Ps 94 Aujourd'hui écouterez-vous sa parole?

Le texte du Deutéronome annonce que c'est par des prophètes que Dieu fera connaître sa volonté: Le peuple avait eu peur de la voix du Seigneur, dans le désert, au mont Horeb. Désormais, dit Moïse, c'est par des hommes que Dieu parlera. La Bible applique aussi quelquefois ce texte au Messie attendu.

Saint Paul, dans ce passage de la première lettre aux Corinthiens, pense que la fin du monde est proche. Il demande aux chrétiens de rester, si possible, célibataires, pour s'attacher pleinement à Dieu.

Dans la synagogue de Capharnaüm, Jésus parle avec autorité. Et il chasse aussi un esprit mauvais. Tous se demandent ce que cela veut dire. Car l'enseignement de Jésus est nouveau.

5° dimanche du Temps ordinaire - B

4 février 2018 - 7 février 2021

```
Job 7    Mes yeux ne verront plus le bonheur
1 Co 9   Je me suis fait tout à tous
Mc 1     La belle-mère de Simon est malade
Ps 146   Le Seigneur élève les humbles
```

Job, homme riche et sage, a tout perdu, et il est malade; c'est une épreuve permise par Dieu. Job décrit sa détresse, mais garde confiance dans le Seigneur.
Prononcer Job comme "Joli"

Saint Paul annonce la bonne nouvelle, l'évangile. C'est une mission qui lui est confiée par Dieu; mais c'est aussi comme une nécessité qui s'impose à lui.

Jésus commence son ministère à Capharnaüm. Il guérit la belle-mère de Simon-Pierre; puis il chasse des démons, et guérit de nombreux malades.

6° dimanche du Temps ordinaire - B

11 février 2018 - 14 février 2021

    Lv 13   Le lépreux habitera à l'écart
    1 Co 10 Tout ce que vous faites, faites-le pour la gloire de Dieu
    Mc 1   Jésus étendit la main et le toucha
    Ps 31   *Heureux l'homme dont la faute est enlevée*

La première lecture est tirée du livre du Lévitique, qui rassemble, pour le peuple juif, des règles religieuses et pratiques. Les lépreux par exemple doivent être mis à l'écart; personne ne doit les toucher. Mais Jésus, dans l'évangile d'aujourd'hui, touche un lépreux.

Saint Paul invite les chrétiens de Corinthe à chercher, non pas leur intérêt personnel, mais celui de tous les hommes, pour que tous soient sauvés; et à imiter Jésus-Christ.

Un lépreux s'approche de Jésus. Jésus le touche et le guérit. Le lépreux répand la nouvelle partout, alors que Jésus lui a dit de ne rien dire à personne; de sorte que Jésus à son tour doit rester à l'écart.

Pré - Lectures

Cendres - B

14 février 2018 - 17 février 2021

Joël 2	Déchirez vos coeurs et non pas vos vêtements
2 Co 5	Laissez-vous réconcilier avec Dieu
Mt 6	Quand vous jeûnez, ne prenez pas un air abattu
Ps 50	*Ce qui est mal à tes yeux je l'ai fait*

Le prophète Joël nous appelle à la pénitence: "Revenez au Seigneur votre Dieu! Pratiquez le jeûne!" Dieu est lent à la colère et plein d'amour.

Saint Paul nous demande de nous réconcilier avec Dieu. C'est maintenant le moment favorable. C'est aujourd'hui le jour du salut.

Jésus nous invite à prier dans le secret de notre chambre; à faire l'aumône, mais discrètement. A jeûner aussi, discrètement, sans que cela se voie sur notre visage.

1° dimanche de Carême - B

18 février 2018 - 21 février 2021

    Gn 9   Il n'y aura plus de déluge
    1 P 3   L'arche de Noé était une figure du baptême
    Mc 1   Jésus est au désert quarante jours, tenté par Satan
    Ps 24 *Dirige-moi par ta vérité, enseigne-moi*

Le livre de la Genèse raconte les quarante jours de pluie du déluge, et le séjour de Noé dans l'arche. Ensuite, Dieu établit une alliance avec Noé et ses descendants.

Saint Pierre, dans sa lettre, compare l'arche de Noé au baptême. Noé a été sauvé à travers l'eau. Le baptême aussi nous sauve. Il ne nous lave pas des souillures extérieures, mais est un engagement envers Dieu, et nous sauve par l'action de Jésus-Christ.

Quarante jours, c'est la durée du séjour de Jésus dans le désert. L'évangile d'aujourd'hui ne nous décrit pas les tentations. Il nous dit qu'en quittant le désert, Jésus part pour la Galilée annoncer la bonne nouvelle du salut.

2° dimanche de Carême - B

25 février 2018 - 28 février 2021

Gn 22   Le sacrifice d'Isaac
Rm 8   Si Dieu est pour nous, qui sera contre nous?
Mc 9   La transfiguration du Seigneur !
Ps 115   *Il en coûte au Seigneur de voir mourir les siens*

Abraham est mis à l'épreuve par Dieu: il lui demande d'offrir son fils Isaac en sacrifice. Abraham prépare l'holocauste; et c'est au tout dernier moment qu'un ange lui dit d'arrêter. Dieu met à l'épreuve ses amis, pour que leur foi grandisse.

La lettre aux Romains nous rappelle que Dieu n'a pas épargné son propre fils. Dieu nous a tout donné. Et il nous a choisis pour devenir des justes. Si Dieu est pour nous, qui sera contre nous?

Jésus monte avec trois disciples sur une haute montagne et y est transfiguré. Moïse et Elie apparaissent, eux qui représentent, pour les juifs, l'un la Loi, et l'autre les prophètes. En redescendant, Jésus annonce aux disciples sa future résurrection, mais ils ne comprennent pas.

3° dimanche de Carême - B

4 mars 2018 - 7 mars 2021

> Ex 20   Les dix commandements
> 1 Co 1   Scandale pour les Juifs, folie pour les païens
> Jn 2   Les vendeurs chassés du Temple
> *Ps 18   Les préceptes du Seigneur sont droits*

Moïse, qui est monté sur le mont Sinaï, y reçoit les "Dix commandements". Et notamment les paroles suivantes: "Tu n'auras pas d'autre Dieu que moi". "Tu ne commettras pas de meurtre". "Tu ne convoiteras rien de ce qui appartient à ton prochain."

Les païens, nous dit Saint Paul, recherchent la sagesse. Pour eux, comme pour les juifs, Jésus, Messie crucifié, c'est une folie. Alors qu'il est puissance de Dieu, et plus sage que toutes les sagesses humaines.

Jésus renverse les tables des vendeurs, dans le Temple. On lui demande: quelle preuve peux-tu nous donner, que tu es vraiment un envoyé de Dieu? Et il répond: "Détruisez ce sanctuaire; je le reconstruirai en trois jours". Mais c'est de son propre corps qu'il parle. Son corps, ressuscité, sera le nouveau sanctuaire, la présence de Dieu parmi les hommes.

4° dimanche de Carême - B

11 mars 2018 - 14 mars 2021

```
2 Ch 36   Les Babyloniens brûlèrent la maison de Dieu
Ep 2      C'est par la grâce que nous sommes sauvés
Jn 3      Nicodème: Dieu a tellement aimé le monde..
Ps 136    Que ma langue s'attache à mon palais !
```

Le Livre des Chroniques raconte, en résumé, la destruction de Jérusalem par les Babyloniens, ainsi que, après l'Exil, le retour des Juifs, décidé par Cyrus, le roi de Perse.

Dieu nous a donné une vie nouvelle par Jésus-Christ. Ce n'est pas par nos actes que nous sommes sauvés: c'est par le don gratuit de Dieu; par sa grâce, surabondante.

Jésus parle avec Nicodème; il lui dit que Dieu a envoyé son Fils dans le monde pour que tout homme qui croit en Lui vienne à la lumière, et qu'il vive en union avec Dieu.

5° dimanche de Carême - B

18 mars 2018 - 21 mars 2021

Jr 31   Je mettrai ma loi au fond de leurs coeurs
He 5   Le Christ est devenu la cause du salut éternel
Jn 12   Des grecs demandent: "Nous voudrions voir Jésus"
Ps 50 Pitié pour moi, mon Dieu, dans ton amour!

Le prophète Jérémie annonce une nouvelle alliance, que Dieu conclura avec son peuple: "J'inscrirai ma Loi au plus profond d'eux-mêmes. Et tous me connaîtront, des plus petits jusqu'aux plus grands".

La lettre aux Hébreux nous rappelle que le Christ a connu les souffrances et la mort; c'est ainsi qu'il est devenu, pour ceux qui le suivent, le chemin du salut éternel.

Des Grecs venus à Jérusalem pour la Pâque veulent voir Jésus. Celui-ci leur dit: "Si le grain tombé en terre ne meurt pas, il reste seul; mais s'il meurt, il porte beaucoup de fruit."

Rameaux - B

25 mars 2018 - 28 mars 2021

Mc 11 Allez au village; vous y trouverez un petit âne
Is 50 J'ai présenté mon dos à ceux qui me frappaient
Ph 2 Le Christ s'est fait obéissant jusqu'à la mort
Mc 14 Lecture de la Passion selon Saint Marc
Ps 21 Il comptait sur le Seigneur: qu'il le délivre !

Jésus envoie deux disciples dans un village pour chercher un âne; ils l'amènent à Jésus qui s'assied dessus, et entre dans Jérusalem sous les acclamations.

Le prophète Isaïe décrit la situation du messager de Dieu: il ne se révolte pas contre les outrages et les crachats; il présente son dos à ceux qui le frappent; il sait que Dieu vient à son secours.

Paul décrit, dans un hymne célèbre, le parcours de Jésus, venant sur la terre, où il prend la condition du serviteur, jusqu'à sa mort sur la croix. Dieu l'a alors élevé, afin que tous proclament: Jésus est Seigneur.

La Passion de notre Seigneur Jésus-Christ selon Saint Marc.

Jeudi-Saint

29 mars 2018 -- 1° avril 2021

Ex 12   On immolera l'agneau au coucher du soleil
1 Co 11   Le Seigneur prit du pain et le rompit
Jn 13   Il se mit à laver les pieds de ses disciples
Ps 115   *J'élèverai la coupe du salut*

Moïse s'adresse aux Israélites en Egypte: il leur demande de prendre un agneau par famille, de l'immoler au coucher du soleil, et de mettre du sang de l'agneau au dessus de leur porte et sur les côtés. L'ange du Seigneur traversera le pays d'Egypte cette nuit là: ce sera le passage du Seigneur, la "Pâque".

Saint Paul raconte l'institution de l'Eucharistie, telle qu'il l'a lui-même reçue; le Seigneur prit du pain, le rompit et dit: "Ceci est mon corps, faites cela en mémoire de moi". Et il fit de même avec la coupe.

L'évangile de Jean, qui est lu le jeudi saint, ne parle pas de l'institution de l'eucharistie. Il raconte, à la place, comment Jésus a lavé les pieds de ses disciples, avant d'entrer dans sa passion.

Vendredi saint

30 mars 2018 - 2 avril 2021

Is 52	Comme un agneau conduit à l'abattoir
He 4-5	Il est devenu la cause du salut éternel
Jn 18	La Passion selon Saint Jean
Ps 30	*Entre tes mains je remets mon esprit*

Isaïe décrit un personnage mystérieux, souffrant: le serviteur du Seigneur. "C'est à cause de nos fautes qu'il a été broyé; le châtiment qui nous donne la paix a pesé sur lui; il portait le péché des multitudes". Pourtant, dit Isaïe, il sera exalté.

L'auteur de la lettre aux Hébreux dit qu'en Jésus nous avons un grand prêtre qui a été éprouvé en toutes choses; qui peut compatir à nos faiblesses. Et qui nous donne le salut éternel.

La Passion de notre Seigneur Jésus-Christ selon Saint Jean.

… Pré - Lectures

Vigile pascale - B

31 mars 2018 - 3 avril 2021

1. Gn 1   Récit de la création
2. Gn 22 Le sacrifice d'Isaac
3. Ex 14 Le passage de la Mer rouge
4. Is 54 Rejette-t-on la femme de sa jeunesse?
5. Is 55 Cherchez le Seigneur tant qu'il se laisse trouver
6. Ba 3   Reviens, Jacob, marche vers la splendeur !
7. Ez 36 Je vous donnerai un coeur nouveau
   Rm 6   Ressucité d'entre les morts, le Christ ne meurt plus
   Mc 16 Il est ressuscité ! Il n'est pas ici.

L1 - Le livre de la Genèse décrit la création du monde en sept jours. Le sixième jour, Dieu crée l'homme à son image, et dit: "Cela est très bon".

L2 - Abraham est mis à l'épreuve par Dieu, qui lui demande de sacrifier son fils Isaac. Mais alors qu'il a le couteau en main, l'ange du Seigneur l'arrête: "Je sais maintenant que tu obéis vraiment à Dieu".

L3 - Le Seigneur dit à Moïse d'étendre son bâton sur la mer, et les flots s'écartent: les fils d'Israël traversent la mer à pied sec. Les chars des Egyptiens, eux, s'embourbent; l'eau remonte et les recouvre. Le Seigneur a libéré son peuple.

L4 - Dieu dit à Israël par la bouche d'Isaïe: "Même si les montagnes étaient ébranlées, ma tendresse pour mon peuple demeurera, pour toujours".

.. / ..

Vigile pascale (suite)

L5 - Ecoutez-moi dit le Seigneur, et vous vivrez. Mes pensées ne sont pas vos pensées. Que le méchant abandonne son chemin! Comme la pluie descend abreuver la terre, de même ma Parole. Elle ne me reviendra pas sans avoir accompli sa mission.

L6 - "La sagesse est apparue parmi les hommes", dit le livre de Baruc, "tous ceux qui l'observent vivront." Israël avait abandonné la source de la sagesse: "Reviens, lui dit Baruc, marche à sa lumière!"

L7 - Dieu dit à son peuple par la bouche d'Ezékiel: "Je répandrai sur vous une eau pure; je mettrai en vous un esprit nouveau, afin que vous marchiez selon mes lois".

Ep - Nous sommes, nous dit Saint Paul, unis au Christ par le baptême; nous ne sommes plus les esclaves du péché; Dieu nous appelle à une vie nouvelle.

Ev - De grand matin, les saintes femmes vont au tombeau. Un ange leur apparaît et leur dit: Jésus n'est pas ici ! Allez le dire aux disciples !

Pré - Lectures

Jour de Pâques - B

1° avril 2018 - 4 avril 2021

```
Ac 10              Dieu l'a ressuscité le 3° jour !
    L1    Col 3    Recherchez les réalités d'en haut
  ou L2   1 Co 5   Purifiez-vous des vieux ferments
Jn 20              Pierre aperçoit les linges (1)
Ps 117             C'est là l'oeuvre du Seigneur !
```

Saint Pierre, après la Pentecôte, entre chez un centurion romain nommé Corneille. Il lui parle du Christ, mort et ressuscité: "Nous avons mangé et bu avec lui après sa résurrection!"

L1 Saint Paul demande aux Colossiens de rechercher les réalités d'en haut, et non pas celles de la terre. Car nous sommes ressuscités avec le Christ.

ou L2 Notre agneau pascal, dit Saint Paul, a été immolé. Les chrétiens doivent être le pain de la nouvelle Pâque, fait de droiture et de vérité.

Prévenus par Marie Madeleine, Pierre et un autre disciple courent au tombeau et y entrent: les linges sont posés à plat; le suaire est roulé à part.

_____

(1) Ou évangile de la nuit: Mc 16

2° dimanche de Pâques - B
La divine miséricorde

8 avril 2018 - 11 avril 2021

Ac 4   Les croyants avaient un seul coeur, une seule âme
1Jn 5   Tout homme né de Dieu est vainqueur du monde
Jn 20   Jésus dit à Thomas: "Avance ton doigt ici !"
Ps 117   Que le dise Israël: éternel est son amour !

Les Actes des Apôtres décrivent la première communauté chrétienne: les disciples mettent tout en commun et témoignent de la résurrection avec une grande puissance.

"Celui qui croit est né de Dieu", nous dit Saint Jean. Nous sommes vainqueurs du monde par notre foi.

Jésus ressuscité s'était montré à ses disciples et leur avait montré ses blessures; mais Thomas, qui n'était pas là; il doute. Jésus vient à nouveau, et dit à Thomas: "Mets ta main dans mon côté; cesse d'être incrédule!"

3° dimanche de Pâques - B

15 avril 2018 - 18 avril 2021

Ac 3	Hommes d'Israël, convertissez-vous!
1 Jn 2	Gardons les commandements de Dieu
Lc 24	Voyez mes mains et mes pieds! C'est bien moi!
Ps 4	*Que s'illumine ton visage !*

Saint Pierre, après avoir guéri un infirme, s'adresse à la foule: "Dieu avait annoncé par les prophètes que le Christ souffrirait. Et il l'a ressuscité! Tournez-vous maintenant vers Lui!"

Saint Jean insiste sur l'importance de garder les commandements que Jésus nous a donnés. Ainsi l'amour de Dieu atteindra en nous sa perfection.

Après être apparu aux disciples d'Emmaüs, Jésus apparaît aux Apôtres, qui sont saisis de crainte. "C'est bien moi", leur dit-il. Et il mange avec eux une part de poisson grillé.

4° dimanche de Pâques - B

22 avril 2018 - 25 avril 2021

Ac 4	C'est par le nom de Jésus
1 Jn 3	Quel grand amour nous a donné le Père
Jn 10	Je suis le bon pasteur
Ps 117	*Mieux vaut s'appuyer sur le Seigneur*

Saint Pierre, après la Pentecôte, vient de guérir un infirme. Il explique à la foule qu'il l'a fait "par Jésus, le Nazaréen, que vous avez crucifié, et qui est devenu la pierre d'angle".

Nous sommes les enfants de Dieu, dit la première lettre de Saint Jean. Le monde ne nous connaît pas, et ne nous comprend pas, parce qu'il ne connaît pas Dieu.

Jésus est le bon pasteur, le berger qui donne sa vie pour ses brebis. Il connaît ses brebis, et ses brebis le connaissent.

5° dimanche de Pâques - B

29 avril 2018 - 2 mai 2021

Ac 9	Premier séjour de Paul à Jérusalem
1 Jn 3	Dieu est plus grand que notre coeur
Jn 15	Je suis la vigne, vos êtes les sarments
Ps 21	*Ils loueront le Seigneur, ceux qui le cherchent*

L'apôtre Paul, récemment converti et qui s'appelle encore Saul, vient à Jérusalem avec Barnabé; mais certains juifs cherchent à le tuer, et il doit alors quitter la Judée.

Saint Jean, dans sa première lettre, nous demande de montrer notre amour par des actes. Le commandement de Dieu, c'est de mettre notre foi dans le Christ Jésus, et de nous aimer les uns les autres.

"Je suis la vigne", dit Jésus. "Demeurez en moi! Vous ne pouvez pas porter de fruit, si vous ne demeurez pas en moi."

6° dimanche de Pâques - B

6 mai 2018 - 9 mai 2021

Ac 10	L'Esprit descend sur le centurion Corneille
1 Jn 4	Celui qui n'aime pas n'a pas connu Dieu
Jn 15	Aimez-vous les uns les autres
Ps 97	*Chantez au Seigneur un chant nouveau*

Après la Pentecôte, Saint Pierre entre pour la première fois dans la maison d'un non-juif, un centurion romain; et voici que l'Esprit Saint descend sur toutes les personnes présentes !

Saint Jean nous rappelle que Dieu est amour; et que l'amour vient de Dieu. Dieu a envoyé son fils pour que nous vivions par lui.

Jésus nous dit: "Aimez-vous les uns les autres comme je vous ai aimés." "Il n'y a pas de plus grand amour que de donner sa vie pour ceux que l'on aime".

Ascension du Seigneur - B

10 mai 2018 - 13 mai 2021

Ac 1	L'Ascension du Seigneur
Ep 4	Un seul Seigneur, une seule foi
Mc 16	Le Seigneur Jésus fut enlevé au ciel
Ps 46	*Dieu s'élève parmi les ovations*

Après sa résurrection, Jésus donne à ses apôtres ses dernières recommandations, et leur annonce la venue de l'Esprit Saint. Puis il s'élève et disparaît dans une nuée.

Saint Paul nous appelle à garder l'unité entre nous, dans l'Esprit-Saint; et à avoir beaucoup d'humilité, de douceur et de patience, pour que se construise le corps du Christ.

Jésus, dans sa dernière apparition, dit aux apôtres d'aller proclamer l'évangile dans le monde entier, et annonce que des signes nombreux accompagneront les conversions. Puis il est enlevé au ciel. Le Seigneur continue cependant à travailler avec les croyants.

7° dimanche de Pâques - B

13 mai 2018 - 16 mai 2021

Ac 1	Mathias choisi pour remplacer Judas
1 Jn 4	Dieu demeure en nous
Jn 17	Père, garde mes disciples unis dans ton nom
Ps 102	*Bénis le Seigneur ô mon âme !*

Après l'Ascension, et avant la Pentecôte, les apôtres sont réunis avec de nombreux disciples. Judas, le traître, est mort. Saint Pierre propose de compléter à douze le groupe d'apôtres que Jésus avait institué, en choisissant, parmi les disciples, un de ceux qui ont suivi le Christ depuis le commencement.

Saint Jean, dans sa première lettre, nous dit que Dieu est amour, et qu'il nous a donné son Esprit: Dieu demeure en nous! Jésus nous demande de nous aimer les uns les autres.

A la fin du dernier repas avant sa mort, Jésus prie en se tournant vers son Père. Il lui demande de garder les disciples unis entre eux. Qu'ils aient en eux la joie, et qu'ils en soient comblés! Et qu'ils soient entièrement consacrés à la vérité.

Pentecôte - B

20 mai 2018 - 23 mai 2021

Ac 2   Pentecôte: les disciples parlent en d'autres langues
Ga 5   Laissez-vous conduire par l'Esprit
Jn 15   L'Esprit vous conduira dans la vérité toute entière
Ps 103 Tu renouvelles la face de la terre

Le jour de la Pentecôte, les juifs célébraient à Jérusalem le don de la Loi par Dieu au Sinaï. Les disciples du Christ, réunis dans une maison, entendent un souffle venant du ciel, et sont remplis de l'Esprit Saint. A l'extérieur, la foule de toutes nations comprend, chacun dans sa propre langue, ce que disent les disciples.

Dans sa lettre aux Galates, Saint Paul nous dit: "Laissez-vous conduire par l'Esprit!" Il explique qu'il y a un affrontement en nous. Si nous nous laissons conduire par l'Esprit, nous aurons dans notre coeur la paix, la joie, la douceur, la bonté.

Jésus, dans le discours après la Cène, annonce la venue de l'Esprit Saint, Esprit de vérité, qui conduira les disciples vers la vérité toute entière. Il ajoute: "Tout ce que possède le Père est à moi", et "L'Esprit recevra ce qui vient de moi pour vous le faire connaître".

La Sainte Trinité - B

27 mai 2018 - 30 mai 2021

Dt 4	C'est le Seigneur qui est Dieu
Rm 8	L'Esprit-Saint fait de vous des fils
Mt 28	De toutes les nations faites des disciples!
Ps 32	*Nous attendons notre vie du Seigneur*

Dans le livre du Deutéronome, Moïse rappelle au peuple d'Israël, dans le désert, tout ce que Dieu a fait pour eux. Comment il les a libérés d'Egypte, et leur a révélé sa Loi.

"Laissez-vous conduire par l'Esprit de Dieu", nous dit Saint Paul dans la lettre aux Romains. "Tournez-vous vers le Père: nous sommes ses enfants, avec le Christ". Ce texte, qui évoque les trois personnes de la Trinité, convient particulièrement en ce dimanche.

A la fin de son évangile, Saint Matthieu nous présente Jésus, ressuscité, envoyant les disciples en mission: "Allez! De toutes les nations faites des disciples; et baptisez-les au nom du Père, du Fils, et du Saint Esprit".

Le Corps et le Sang du Christ - B

3 juin 2018 - 6 juin 2021

Ex 24 Nous mettrons en pratique ce que le Seigneur a dit
He 9 Le Christ est le médiateur d'une alliance nouvelle
Mc 14 Prenez, ceci est mon corps"
Ps 115 J'élèverai la coupe du salut

Dans le livre de l'Exode, Moïse, qui vient de descendre du Mont Sinaï, lit au peuple la Loi donnée par Dieu: l'Alliance. Et le peuple répond: "Tout ce que le Seigneur a dit, nous le mettrons en pratique, nous y obéirons".

La lettre aux Hébreux nous montre que Jésus, par son sang, réalise une alliance nouvelle. Il nous libère, pour que nous puissions nous tourner, avec un coeur purifié, vers le Dieu vivant.

Jésus, pendant le repas pascal, prend du pain et dit à ses disciples: "Ceci est mon corps". Et de même, ayant pris une coupe, il rend grâce, et dit: "Ceci est mon sang, versé pour la multitude".

10° dimanche - B

10 juin 2018

Gn 3,9   Adam, où es-tu?
2 Co 4   Celui qui a ressuscité Jésus nous ressuscitera
Mc 3   C'est par Béelzéboul qu'il expulse les démons
Ps 129   Des profondeurs je crie vers toi

Dans le jardin d'Eden, Dieu avait dit à Adam de ne pas manger de l'arbre de la connaissance du bien et du mal. Mais le serpent a trompé Eve, et ils en ont mangé. Adam, alors, se cache, quand il entend Dieu l'appeler.

Prononcer "Édène"

Nous croyons, nous dit Saint Paul, et c'est pourquoi nous parlons. Nous savons que Dieu nous ressuscitera avec Jésus; notre regard se tourne vers la demeure éternelle, qui nous attend dans les cieux.

Jésus est-il possédé par un démon? C'est ce que disent les scribes venus de Jérusalem. Est-ce que Jésus a perdu la tête? C'est ce que pense sa famille. Mais Jésus, lui, répond: "Celui qui fait la volonté de Dieu, celui-là est pour moi un frère, une soeur."

A partir de ce dimanche, la liturgie nous propose, pour l'évangile, une lecture suivie - avec quelques interruptions - de passages de l'évangile de Marc, depuis Marc 3 (ce dimanche) jusqu'à Marc 13 (33° dimanche).

De même nous lirons pendant plusieurs dimanches la 2° lettre aux Corinthiens, et ensuite la lettre aux Ephésiens.

11° dimanche - B

17 juin 2018 - 13 juin 2021

    Ez 17   Une jeune tige deviendra un cèdre magnifique
    2 Co 5   Nous cheminons dans la foi
    Mc 4   La graine de moutarde deviendra un arbuste
    Ps 91   *Le juste grandira comme un palmier*

Le prophète Ezéchiel prend l'image d'une petite branche, que Dieu plantera, et qui deviendra un grand arbre. Mais Dieu peut aussi faire sécher un arbre vert, ou faire reverdir un arbre sec. Il est le Seigneur.

Nous cheminons dans la foi, nous dit Saint Paul, et non dans une claire vision. Et "notre ambition, c'est de plaire au Seigneur".

Jésus compare le règne de Dieu à une semence, qui grandit jusqu'à la moisson. Ou encore à une plante qui pousse, et devient un arbre où les oiseaux du ciel peuvent faire leur nid.

12° dimanche - B

20 juin 2021

Jb 38   Le Seigneur s'adresse à Job
2 Co 5   Si quelqu'un est dans le Christ, il est une créature nouvelle
Mc 4   La tempête apaisée
Ps 106 Qu'ils rendent grâce au Seigneur de son amour

Job, sur qui le malheur s'acharne, affirme qu'il est innocent, et réclame des comptes à Dieu. Mais Dieu lui répond, du milieu d'une tempête: "Où étais-tu quand je fondais la terre?" Job reconnaîtra: "Oui, j'ai abordé des mystères qui me dépassent".

Prononcer Job comme "Joli"

Notre vie, nous dit Saint Paul, ne doit plus être centrée sur nous-mêmes, mais sur le Christ. Nous avons été recréés par lui. Le monde ancien s'en est allé, un nouveau monde est déjà né.

Dans une barque sur la mer de Galilée, Jésus dort, pendant que la tempête se déchaîne; les disciples le réveillent. Il calme la tempête et leur dit: "N'avez-vous pas la foi?"

Saint Jean-Baptiste - B

24 juin 2018

```
Is 49    Il a fait de ma bouche une épée tranchante
Ac 13    Je ne suis pas digne de retirer ses sandales
Lc 1     Il s'appellera Jean!
Ps 138   Tu m'as tissé dans le sein de ma mère
```

Isaïe annonce la venue d'un "serviteur" qui sera "la lumière des nations" et fera parvenir le salut de Dieu aux extrémités de la terre. La tradition chrétienne y a vu une annonce du Christ.

Les Actes des Apôtres nous montrent Paul parlant dans une synagogue: il rappelle que Jean-Baptiste a annoncé la venue de Jésus.

Elisabeth, cousine de la vierge Marie, a enfanté. Zacharie, père de l'enfant, est muet depuis qu'il a refusé de croire l'ange qui annonçait cette naissance. On lui demande comment l'enfant doit être appelé. Il écrit sur une tablette: "Son nom est Jean", comme l'ange l'avait prescrit.

13° dimanche - B

1° juillet 2018 - 27 juin 2021

Sg 1   Dieu a créé l'homme pour l'incorruptibilité
2 Co 8   Jésus-Christ s'est fait pauvre
Mc 5   Résurrection de la fille de Jaïre
Ps 29   *Tu as changé mon deuil en une danse*

Le livre de la Sagesse insiste sur le fait que Dieu veut que l'homme vive. Et il ne se réjouit pas de la mort: il nous a créés pour l'incorruptibilité.

Saint Paul demande aux chrétiens de Corinthe d'être généreux dans leurs dons pour leurs frères pauvres. Vous avez tout en abondance, leur dit-il. Soyez généreux comme Jésus, qui s'est fait pauvre pour nous.

Le chef d'une synagogue supplie Jésus: "Ma fille est en train de mourir". Quand Jésus arrive chez lui, la jeune fille est morte; mais Jésus la prend par la main et elle se lève, vivante!

14° dimanche - B

8 juillet 2018 - 4 juillet 2021

Ez 2   Ils sauront qu'il y a un prophète au milieu d'eux
2 Co 12 J'ai reçu dans ma chair une écharde
Mc 6   Un prophète n'est méprisé que dans son pays
Ps 122   Les yeux levés vers toi Seigneur

Ézéchiel est en exil avec les Israélites à Babylone. Dieu se révèle à lui, et lui demande d'être son prophète auprès des fils d'Israël déportés.

Saint Paul, qui a reçu des révélations de la part du Seigneur, a aussi une faiblesse dont nous ne savons pas ce qu'elle est, et qu'il appelle son "écharde dans la chair". Il accepte d'être faible pour que la puissance du Christ soit manifestée en lui.

Jésus se rend à Nazareth. Mais les habitants refusent de voir en lui un prophète: "N'est-il pas le charpentier que nous connaissons? D'où lui vient ce qu'il dit, et ce qu'il fait?"

15° dimanche - B

15 juillet 2018 - 11 juillet 2021

    Am 7   Le Seigneur m'a saisi
    Ep 1   Il nous a choisis avant la fondation du monde
    Mc 6   Ne prenez rien pour la route
    Ps 84 *Amour et vérité se rencontrent*

Le prophète Amos rencontre l'hostilité des prêtres du royaume du Nord d'Israël. Il répond: je n'étais pas prophète, mais le Seigneur m'a saisi et m'a envoyé ici.

Le début de la lettre aux Ephésiens est un hymne de louange, qui remercie Dieu d'avoir fait de nous ses fils adoptifs, et de vouloir rassembler toutes choses dans le Christ.

Jésus envoie les apôtres en mission. Il leur dit de ne rien prendre pour la route. Ils partent et proclament qu'il faut se convertir. Ils guérissent aussi beaucoup de malades.

16° dimanche - B

22 juillet 2018 - 18 juillet 2021

    Jr 23   Je rassemblerai mes brebis
    Ep 2   Le Christ est notre paix
    Mc 6   Jésus fut saisi de compassion
    Ps 22 Le Seigneur est mon berger

Le prophète Jérémie annonce qu'un jour Dieu lui-même rassemblera son peuple. Il suscitera des pasteurs pour le conduire, et lui donnera un roi juste, qui défendra le droit et apportera la paix.

La lettre aux Éphésiens nous dit que le Christ est notre paix: il rassemble tous les hommes autour de sa croix. Par lui nous sommes unis en un seul corps, l'Eglise, et nous avons accès auprès du Père.

Les apôtres reviennent de mission. Jésus les invite à venir se reposer un peu. Mais la foule suit Jésus partout, et il a pitié d'elle, car ils sont comme des brebis sans berger. Il leur parle longuement.

Pré - Lectures

17° dimanche - B

29 juillet 2018 - 25 juillet 2021

2 R 4   Comment donner cela à cent personnes?
Ep 4   Un seul Corps et un seul Esprit
Jn 6   Au nombre d'environ cinq mille hommes
Ps 144   Les yeux sur toi, tous ils espèrent

Le prophète Elisée multiplie les pains: il a reçu un sac contenant vingt pains et les fait distribuer à la foule, en disant: "Ainsi parle le Seigneur: On mangera et il en restera".

La lettre aux Ephésiens nous invite à garder l'unité entre les chrétiens: il y a un seul Seigneur, une seule foi. Nous sommes tous appelés à une même espérance.

Jésus multiplie les pains et les poissons. Et quand tous ont mangé à leur faim, on rassemble les morceaux restant, pour que rien ne se perde.

18° dimanche - B

5 août 2018 - 1° août 2021

Ex 16	La manne
Ep 4	Revêtez-vous de l'homme nouveau
Jn 6	Je suis le pain de vie
Ps 77	*Il leur donne le froment du ciel*

Les Israélites sont dans le désert, et craignent de mourir de faim. Dieu fait tomber du ciel des cailles, puis quelque chose de fin, comestible, dont Moïse leur dit: "C'est le pain que le Seigneur vous donne à manger".

La lettre aux Ephésiens demande aux chrétiens de quitter leurs comportements anciens, et de se laisser renouveler par le Christ. D'abandonner "l'homme ancien" pour devenir "l'homme nouveau", selon Dieu.

Après la multiplication des pains, Jésus demande à la foule de "travailler aux oeuvres de Dieu", c'est à dire de croire en Lui. Et il ajoute: "Je suis le pain vivant, descendu du ciel pour donner la vie au monde".

19° dimanche - B

12 août 2018 - 8 août 2021

1 R 19	Elie marche jusqu'à l'Horeb
Ep 4	N'attristez pas le Saint Esprit
Jn 6	Le pain que je donnerai, c'est ma chair
Ps 33	*Goûtez et voyez comme est bon le Seigneur*

Le prophète Elie fuit dans le désert, et s'arrête épuisé; un ange lui apporte à manger. Fortifié par cette nourriture, il marche ensuite quarante jours jusqu'au Mont Horeb.

La lettre aux Ephésiens nous invite à nous pardonner les uns aux autres; et à être, entre nous, pleins de générosité et de tendresse.

Jésus dit à ses auditeurs: "Je suis le pain de vie. Celui qui mange de ce pain vivra éternellement". Et aussi: "Le pain que je donnerai, c'est mon corps, pour la vie du monde."

Assomption de la Vierge Marie - B

15 août 2018 - 15 août 2021

Ap 11   Un grand signe apparut dans le ciel
1 Co 15   Le Christ est le premier ressuscité
Lc 1   Magnificat
Ps 44   *Ecoute, ma fille, tends l'oreille*

Le livre de l'Apocalypse nous montre, dans le ciel, une femme couronnée d'étoiles. Elle met au monde un fils, qui est enlevé auprès de Dieu.

Le Christ est ressuscité d'entre les morts pour donner la vie à tous les hommes. Tout sera accompli lorsqu'il aura mis sous ses pieds tous ses ennemis.

La Vierge Marie se rend chez sa cousine Elisabeth, et celle-ci comprend qu'elle porte le Messie. Marie dit alors les paroles du Magnificat: "Mon âme exalte le Seigneur!"

20° dimanche - B

19 août 2018

Pr 9   La Sagesse a bâti sa maison
Ep 5   Soyez remplis de l'Esprit Saint
Jn 6   Je suis le pain vivant
Ps 33   *Je bénirai le Seigneur en tout temps*

La sagesse, dit le livre des Proverbes, a dressé une table. Elle appelle: "Venez manger de mon pain, et boire de mon vin. Prenez le chemin de l'intelligence, et vous vivrez!"

La lettre aux Ephésiens nous invite à chanter le Seigneur et à le célébrer. A rendre grâce en tout moment et pour toutes choses.

"Je suis le pain vivant" dit Jésus. "Celui qui mange ma chair et boit mon sang a la vie éternelle. Il demeure en moi, et moi en lui."

21° dimanche - B

26 août 2018 - 22 août 2021

Jos 24	Nous voulons servir le Seigneur
Ep 5	Soyez soumis les uns aux autres
Jn 6	Cette parole est rude! Qui peut l'entendre?
Ps 33	*Je bénirai le Seigneur en tout temps*

Les tribus d'Israël sont installées en Terre promise. Josué leur demande de choisir quel Dieu elles veulent servir : les dieux des peuples locaux, ou bien le Seigneur, qui les a fait sortir d'Egypte.

Paul dit aux hommes et aux femmes d'être soumis les uns aux autres. Les maris doivent aimer leur femme à l'exemple du Christ, qui s'est livré pour nous; et les femmes, être soumises à leur mari.

Beaucoup de disciples de Jésus sont choqués, parce qu'il a dit qu'il est le pain vivant, et qu'il faut manger sa chair. Ils cessent de l'accompagner. Mais Pierre déclare: "A qui irions-nous, Seigneur? C'est toi qui as les paroles de la vie éternelle."

22° dimanche - B

2 septembre 2018 - 29 août 2021

Dt 4	Vous garderez les commandements du Seigneur
Jc 1	Accueillez la Parole semée en vous
Mc 7	C'est du coeur que sortent les pensées impures
Ps 14	*Il met un frein à sa langue*

Moïse s'adresse au peuple d'Israël et lui dit: "Vous garderez les commandements du Seigneur, et vous les mettrez en pratique. Ils seront votre sagesse aux yeux de tous les peuples."

Saint Jacques nous demande d'accueillir la Parole qui a été semée en nous, et de la mettre en pratique; de ne pas nous contenter de l'écouter.

Jésus critique les pharisiens, qui se lavent les mains mais dont le coeur est loin de Dieu. Ce n'est pas ce qui est extérieur à l'homme qui peut le rendre impur; le mal vient du dedans: vols, meurtres, envie, orgueil. C'est cela qui rend l'homme impur.

23° dimanche - B

9 septembre 2018 - 5 septembre 2021

Is 35   Le boiteux bondira comme un cerf
Jc 2   Un homme aux beaux vêtements arrive dans l'assemblée
Mc 7   Guérison d'un sourd-muet
Ps 145 Le Seigneur fait justice aux opprimés

Isaïe annonce que Dieu va venir lui-même sauver son peuple. Alors l'eau jaillira dans le désert; les aveugles verront, et les sourds entendront.

Ne faites pas de différence entre les hommes, nous dit Saint Jacques. Ce sont les pauvres aux yeux du monde que Dieu a choisis, pour en faire des riches dans la foi.

On amène à Jésus un sourd-muet. Jésus le prend à l'écart, et lui touche la langue et les oreilles; il est guéri. Les gens sont frappés: "Il a bien fait toutes choses!"

24° dimanche - B

16 septembre 2018 - 12 septembre 2021

Is 50	Le Seigneur mon Dieu vient à mon secours
Jc 2	C'est par mes oeuvres que je montrerai ma foi
Mc 8	Qui suis-je, aux dires des hommes?
Ps 114	*J'étais pris dans les filets de la mort*

Isaïe parle d'un prophète - lui-même, mais c'est aussi une annonce de Jésus - qui reçoit des outrages et des crachats, et ne se dérobe pas. Le Seigneur vient à son secours. Il sait qu'il ne sera pas confondu.

Saint Jacques insiste sur l'importance des oeuvres: "Si la foi n'est pas mise en oeuvre, elle est morte". Et aussi: "Moi, c'est par mes oeuvres que je montrerai ma foi".

Jésus interroge ses disciples: "Au dire des gens, qui suis-je?" Puis il demande: "Et vous, qui dites-vous que je suis?" Saint Pierre répond: "Tu es le Messie, le Christ". Jésus commence alors à annoncer sa passion, et sa résurrection. Mais Pierre lui fait de vifs reproches.

25° dimanche - B

23 septembre 2018 - 19 septembre 2021

Sg 2   Attirons le juste dans un piège
Jc 3   D'où viennent les guerres?
Mc 9   De quoi discutiez-vous en chemin?
Ps 53   Des étrangers se sont levés contre moi

"Condamnons-le à une mort infâme, car il nous contrarie". Le livre de la Sagesse décrit l'attitude de ceux qui méditent le mal, et veulent tuer le juste. Avec une lueur d'espoir, à la fin: quelqu'un interviendra-t-il pour le sauver?

"D'où viennent les guerres?" demande Saint Jacques. "D'où viennent les conflits entre vous?" "Vous êtes pleins de désirs qui mènent leur combat en vous." "La sagesse qui vient d'en haut, au contraire, est pacifique et bienveillante."

"Si quelqu'un veut être le premier, nous dit Jésus, qu'il soit le serviteur de tous". "Celui qui accueille un enfant en mon nom, c'est moi qu'il accueille.

26° dimanche - B

30 septembre 2018 - 26 septembre 2021

    Nb 11   Ils se mirent à prophétiser
    Jc 5   Pleurez, vous les riches!
    Mc 9   Nous avons vu quelqu'un expulser les démons
    Ps 18B La loi du Seigneur est parfaite

Dans le désert, soixante-dix anciens accompagnent Moïse à la Tente de la Rencontre avec Dieu. Tous se mettent à parler, inspirés par l'Esprit: à "prophétiser". Et Moïse s'écrie: "Ah, si le Seigneur pouvait faire de tout son peuple un peuple de prophètes"!

"Pleurez, vous, les riches!" nous dit Saint Jacques, dans un texte très sévère. "Vos richesses sont pourries!" "Les clameurs de ceux que vous avez frustrés sont parvenues aux oreilles de Dieu".

Jésus parle du scandale, et notamment de ceux qui sont une occasion de chute pour les petits. Il dit même: "Si ton oeil est pour toi une occasion de chute, arrache-le!"

27° dimanche - B

7 octobre 2018 - 3 octobre 2021

Gn 2   Il n'est pas bon que l'homme soit seul
He 2   Jésus a fait l'expérience de la mort
Mc 10 Est-il permis de renvoyer sa femme?
Ps 127 Heureux qui craint le Seigneur

Le livre de la Genèse raconte la création de l'homme et de la femme. Quand Dieu amène la femme vers l'homme, celui-ci s'écrie: "Voilà l'os de mes os ! La chair de ma chair !" Le texte ajoute: "L'homme quittera son père et sa mère, et s'attachera à sa femme."

Le Christ, nous dit la lettre aux Hébreux, est mort pour notre salut. Par ses souffrances, il peut désormais conduire une multitude de fils jusqu'à la gloire.

Les pharisiens demandent à Jésus s'il est permis à un mari de renvoyer sa femme. "Ce que Dieu a uni, répond Jésus, l'homme ne doit pas le séparer".

28° dimanche - B

14 octobre 2018 - 10 octobre 2021

Sg 7   L'esprit de la Sagesse est venu en moi
He 4   Elle est vivante, la Parole de Dieu
Mc 10 Il est difficile aux riches d'entrer dans le Royaume
Ps 89 Rassasie-nous de ton amour au matin

"J'ai prié, nous dit l'auteur du livre de la Sagesse, et le discernement m'a été donné. J'ai tenu pour rien la richesse. La clarté de la sagesse ne s'éteint pas."

"La Parole de Dieu est plus tranchante qu'une épée", nous dit la lettre aux Hébreux. "Elle est vivante. Tout est soumis à son regard".

"Une seule chose te manque", dit Jésus à un homme qui l'interroge: "Vends tout ce que tu as, et donc-le aux pauvres". Mais l'homme s'en alla tout triste, car il avait de grands biens.

29° dimanche - B

21 octobre 2018 - 17 octobre 2021

Is 53	Le Serviteur a plu au Seigneur
He 4	Jésus est le grand prêtre par excellence
Mc 10	Celui qui veut devenir grand sera votre serviteur
Ps 32	*La terre est remplie de son amour*

Isaïe décrit un personnage mystérieux, qu'il appelle "le serviteur"; il donnera sa vie en sacrifice. Par lui, ce qui plaît au Seigneur réussira.

Jésus, nous dit la lettre aux Hébreux, est un grand prêtre qui peut compatir à nos faiblesses. Avançons-nous avec confiance vers lui, pour obtenir miséricorde.

Les apôtres Jacques et Jean demandent à Jésus d'avoir les meilleurs places dans son royaume. Mais Jésus répond: celui qui veut devenir grand doit se faire le serviteur de tous.

30° dimanche - B

Pour le 31° dimanche, voir après la Toussaint
28 octobre 2018 - 24 octobre 2021

Jr 31   Je les rassemble des confins de la terre
He 5   Tout grand prêtre est pris parmi les hommes
Mc 10   Rabbouni, que je retrouve la vue !
Ps 125 Quand le Seigneur ramena les captifs

Dieu est un père pour Israël, nous dit le prophète Jérémie. Il fera revenir les déportés; il les conduira par un droit chemin, où ils ne trébucheront pas.

Jésus, nous dit la lettre aux Hébreux, est notre grand-prêtre. Les psaumes l'avaient annoncé en disant de lui: "Tu es prêtre à jamais, à la manière de Melkisédek".

A la sortie de Jéricho, un aveugle crie: "Jésus, Fils de David, prends pitié de moi!" Jésus le guérit et lui dit: "Ta foi t'a sauvé!"

Tous les Saints - B

1° novembre

Ap 7 Une foule de toutes nations, tribus et peuples
1 Jn 3 Voyez quel grand amour nous a donné le Père
Mt 5 Les Béatitudes
Ps 23 Qui peut gravir la montagne du Seigneur

Le livre de l'Apocalypse décrit une foule immense, de toutes nations, devant le trône où siègent Dieu et l'Agneau. Tous sont vêtus de robes blanches. Ils viennent de la grande épreuve, et ont été sauvés par le sang de l'agneau.

"Nous sommes enfants de Dieu", nous dit Saint Jean. Le monde ne nous connaît pas, parce qu'il ne connaît pas Dieu.

Les Béatitudes, dans l'évangile de Matthieu, s'adressent aux pauvres de coeur, et à ceux qui ont faim et soif de justice. Et Jésus ajoute: "Heureux êtes-vous si l'on vous persécute à cause de moi".

31° dimanche - B

4 novembre 2018 - 31 octobre 2021

Dt 6   Le Seigneur notre Dieu est l'Unique
He 7   Jésus, grand prêtre pour l'éternité
Mc 12 Quel est le premier commandement?
Ps 17 Je t'aime Seigneur ma force

Moïse disait au Peuple d'Israël: "Tu observeras tous les décrets et commandements de Dieu. Tu aimeras le Seigneur ton Dieu de tout ton coeur."

La lettre aux Hébreux nous dit que Jésus est le grand prêtre qu'il nous fallait: saint, innocent, immaculé, intercédant en notre faveur pour l'éternité.

Les plus grands commandements, nous dit Jésus, sont d'aimer Dieu et d'aimer son prochain. Et un scribe, qui approuve Jésus, ajoute: cela vaut mieux que tous les sacrifices d'animaux.

32° dimanche - B

11 novembre 2018 - 8 novembre 2021

1 R 17	Elie et la veuve de Sarepta
He 9	Le Christ s'est offert une fois pour toutes
Mc 12	La veuve qui met deux piécettes
Ps 145	*Le Seigneur donne le pain aux affamés*

Le prophète Elie s'est réfugié hors d'Israël. Une veuve prend soin de lui, et lui donne le peu qu'elle a à manger. Il lui annonce que désormais sa jarre de farine ne s'épuisera pas, tant que durera la sécheresse dans le pays.

La lettre aux Hébreux rappelle que les grands-prêtres juifs entraient une fois par an dans le sanctuaire, pour offrir un sacrifice. Le Christ s'est offert lui-même en sacrifice, une fois pour toutes.

Jésus regarde une pauvre veuve, qui met deux piécettes dans le trésor du Temple. Et il dit à ses disciples: "Elle a mis plus que tous les autres, car elle a mis tout ce qu'elle possédait."

33° dimanche - B

18 novembre 2018 - 15 novembre 2021

Dn 12	Michel, le chef des anges, se lèvera
He 10	Jésus a offert un unique sacrifice
Mc 13	Les étoiles tomberont du ciel
Ps 15	*Tu m'apprends le chemin de la vie*

Le livre de Daniel décrit les événements qui accompagneront la fin du monde: ce sera un temps de détresse, suivi de la résurrection des morts. Une partie de cette annonce sera reprise par Jésus.

La lettre aux Hébreux nous dit que Jésus est assis pour toujours à la droite de Dieu. Par son sacrifice il a réalisé le salut. Il n'y a plus lieu d'offrir des sacrifices d'animaux.

Jésus annonce son retour: il viendra sur les nuées du ciel, avec grande puissance. Et il enverra les anges rassembler les élus.

Le Christ Roi de l'Univers - B

25 novembre 2018 - 22 novembre 2021

Dn 7 Je voyais venir comme un fils d'homme
Ap 1 Voici qu'il vient avec les nuées
Jn 18 Ma royauté n'est pas de ce monde
Ps 92 Le Seigneur est roi

Le livre de Daniel nous montre un Fils d'homme venant sur les nuées du ciel. Il lui est donné gloire et royauté, pour l'éternité.

Le début du livre de l'Apocalypse annonce la venue de Jésus au milieu des nuées; tous le verront, notamment ceux qui l'ont transpercé. Il est l'alpha et l'oméga: au commencement et à la fin de tout.

Jésus est face à Pilate, qui lui demande s'il est le roi des juifs. Il répond: "Ma royauté n'est pas de ce monde; je suis venu pour rendre témoignage à la vérité."

Version électronique de ce livre

Ce livre est également disponible en version électronique, au prix de **1 euro...**

N'hésitez pas à vous procurer cette version (Epub ou Kindle): vous pourrez ainsi faire des recherches dans le texte !

L'achat en est possible notamment sur le site des éditions Bod: Bod.fr (la mise en page de la version Kindle est meilleure).

Version web

Les pré-lectures constituant ce livre sont également disponibles sur le site web http://www.plestang.com, sous deux versions:

- Une version texte (.doc) facile à copier et à utiliser, pour l'insérer en tout ou partie dans votre feuille de messe ou votre feuille paroissiale, en la modifiant ou en l'adaptant selon votre idée.

- Une version pdf *consultable en ligne*, et dont la mise en page soignée permet aussi une impression telle quelle, par exemple pour lecture au micro.

Exemple d'insertion partielle dans une feuille de l'assemblée

(Dimanche de la Sainte Trinité - Extrait)

(...)

1° LECTURE
        Dt 4   C'est le Seigneur qui est Dieu
Moïse rappelle au peuple d'Israël tout ce que Dieu a fait pour eux.

PSAUME
        Seigneur, ton amour soit sur nous, comme notre espoir est en toi!

2° LECTURE
        Rm 8   L'Esprit-Saint fait de vous des fils
"Laissez-vous conduire par l'Esprit! Tournez-vous vers le Père: nous sommes ses enfants, avec le Christ". Ce texte évoque les trois personnes de la Trinité,

EVANGILE
        Mt 28   De toutes les nations faites des disciples!
Jésus, ressuscité, envoie ses disciples en mission.

PRIÈRE UNIVERSELLE
Pour ...

———

Remerciements

Merci à ma femme bien-aimée, Catherine Lestang, auteure de la série de livres de réflexion biblique "Porteuse d'eau", pour ses remarques et suggestions.

Le calendrier liturgique d'aujourd'hui à 2060, publié par Port Saint Nicolas, m'a été d'un secours précieux. Merci à Jim Wanderscheid pour son travail inlassable.

https://www.portstnicolas.org/spip.php?page=article&id_article=3365&psn_annee=2021

Photo de couverture:

Chapelle du Saint-Esprit, à Arc 1800 (Bourg St Maurice - 73)

Les livres édités par BoD peuvent être commandés
dans toutes les bonnes librairies,
et peuvent être achetés sur les grands sites de vente en ligne.

© 2018 Philippe Lestang
Edition: BoD - Books on Demand
12/14 rond-point des Champs-Elysées, 75008 Paris
Impression: BoD - Books on Demand, Norderstedt, Allemagne
ISBN 978-2322-1221-27
Dépôt légal: Mai 2018